프 로 필

 필자가 아산시 온양온천에서 20년간 성장하다 서울에 온지도 어언 60년이 되었습니다.
그동안 사업과 동시에 쓴 글들만 해도 명언집과 인생처세술 그리고 애정소설과 자서전 등 106권째 집필하여 국립중앙 도서관에 납본되었습니다. 사업할 때는 80여 건의 특허를 받아 밀폐 용기의 원조인 락앤락 등 여러 가지가 히트하여 사회에 이바지하였고 일본에서는 현지법인 생보석을 5년간 경영하기도 하였습니다.
형제 중 두 아우는 미국으로 건너가 사업을 한지도 40년이 지나고 있으며, 자녀 중 전선영 감독은 상업 영화 <폭로; 눈을 감은 아이>를 감독하여 유럽 국제영화제와 아시아 영화제에서 두 번이나 신인 감독상을 수상하였고, 브라질 영화제와 뉴욕 영화제에 초청되어 다녀온 후 개봉을 앞두고 있습니다. 다른 자녀들도 사업과 명 강사로 활동하면서 행복한 가정을 누리고 있습니다. 필자도 쉬지 않고 현역으로 있으며 시간이 있을 때마다 건강과 독서를 염두에 두고 실천하며 늘 집필을 하고 있습니다. 저자 박사 전준상(010-8558-4114)

농협 302-1293-8408-21 자수정 출판사
자수정 출판사

세계적인 기업
애터미 시대
atom美
ATOMY美

발 행 처 - 자수정 출판사
발 행 인 - 박사 전준상
발 행 일 - 2025년 8월 15일
신고번호 - 제 2018-000094호

서울 영등포구 영중로65
자수정출판사 010-8558-4114
정 가 ₩10,000원
*파본은 교환해 드립니다.
▶YouTube 유투브 검색창에 박사전준상
E-mail - yangko719@daum.net

머리말

 필자는 2025년 7월 24일 목요일 지인에게 이끌려 세미나장에 가서야 애터미가 세계적인 기업임을 처음 알게 되었다.
애터미는 화장품, 건강식품, 생활용품 등이 저렴하고 품질이 좋으므로 내가 사용 후 만족하여 다른사람에게 입소문을 내며 사업이 확장되고 소득이 생기는 구조이다. 필자도 수십 년간 할부 유통업, 제조업, 출판사, 영화제작 등 여러 가지 사업을 하였지만 네트웍 마케팅 사업을 구경하는 것은 이번이 처음이었다. 그러므로 그날 별천지 같은 세상을 경험하고서 애터미를 30만 독자에게 알려서 동참시키고자 소책자를 엮게 되었다.
2025년 8월 15일 저자올림

애터미 창립일 : 2009년 5월 27일
사업자 회원 : 전세계 1,500만 명
년 매출액 : 2조 원 규모
네트웍 판매 : 연속 수출 1위 확인
본사 주소 : 충남 공주시 백제 문화로 2148-21
본사소속 직원 : 240명(2024년 기준)

차 례

머리말		3
1. 제1장 애터미 시대		5
2. 제2장 성공사례		22
3. 제3장 효자상품 헤모힘		33
4. 제4장 필자의 생각		52

본 책 <애터미 시대>는 다큐멘터리 영화로
제작할 기회가 올 것입니다.

제1장 애터미 시대

와! 여기가 애터미 왕국이구나! 두 눈이 휘둥그레졌고, 첫 소감이 이건 왕궁이라고밖에 할 수 없었다. 인산인해를 이루는 회원들에게도 압도당했는데 대형교회 집회장하고는 또 다른 분위기였다.

2025년 7월 24일 서울에서 1시간 40분을 달려 애터미 세미나 장소(공주시 정안면 차령로 3526)인 오롯에 도착하니 전국에서 운집한 애터미 회원들로 꽉 들어찼다. 웅장한 대형건물 안에는 발 들여 놀 틈 없었고, 대형 스크린이 켜지자 세련된 모습의 여성 사회자가 익숙한 스피치로 열이 달아오르게 군불을 지폈다.
월드컵경기장만큼이나 큰 장내는 사회자 멘트에 귀를 기울이느냐고 숨소리조차 내지 않았다.

식순대로 첫 시간인 1시부터 1시간가량 애터미 왕국을 창건한 회장 박한길 (56년생 70세, 경영학 박사) 장로

님의 회사소개가 있었다.
2번째로는 애터미를 이끌어 가고 계시며 취임한 지 1년이 되어 간다는 의사 출신 대표이사 윤용순 박사의 시간이었다.
3번째 시간은 미모의 김윤나(40대) 스타강사의 '말, 마음'이라는 주제의 교양 프로그램이었다. 그녀의 조용하고 차분한 강의는 물이 오른 듯 유창한 스피치로 관중을 사로잡았다.
애터미 회원은 돈만 버는 것이 아니라 인성도 갖추어야 하는데 필요한 언어와 마음씨에 대한 교양 교육이었다.

 그리고, 승급자 시상식에 이어 4번째 마지막 시간에는 애터미 최고직급 임페리얼 1호이자 10억 상금자 윤영성 목사님의 성공담으로 이어졌다. 목사님답게 역시 스피치의 달인이셨다.
박회장님과 목사님은 50년 전 광주에서 알게 되었는데 지금까지 인맥이 되어 웃고 울리는 희로애락을 구사하시며 관중을 압도하셨다.

 연설을 들으면서 애터미 사업을 하면 저렇게 말도 잘하게 되나 싶었다.
모두가 공통된 테두리 안에서 이루어지는 사업이고 사례내용은 천차만별인데도 하나도 중복됨이 없이 극적인

드라마 대본 같았다.
한편으로는 시나리오 작가가 사전에 각본을 대필해준 것을 연습하였나! 라는 의구심마저 들었다.

지루하지 않았던 4시간의 순서가 순식간에 지나갔다.
아! 그래서 '애터미 회원으로 성공하려면 비즈니스 세미나장으로 가라'는 캐치프레이즈에 걸맞았다.
애터미의 많은 제품 중 치약, 칫솔, 샴푸는 몇 번 써 봤지만 이렇게 조직이 방대한 줄은 미처 몰랐다.
세미나장의 광경을 보고 난 후 직업병이 돋아 앉자마자 가방에서 다이어리를 꺼냈다. 메모 없이 듣기만 하던 회원들은 강의가 끝나면 일어서는 순간 머리가 새하얘진다. 들을 땐 아는 것 같아도 기억은 순간이고, 기록은 영원하므로 지혜로운 사람은 듣고 메모하여 자기 것으로 만든다.

그래서 세미나장에서도 성공한 사람과 아직은 초보로 맨땅에 헤딩하는 사람이 구분되었다.
성공한 사람은 여유로우며 얼굴에 빛이 나고 의상과 장신구가 말을 대신해 주었다. 풍요롭고 만족하니 귀티가 난다.
하지만 하위등급자는 낯설어서 의기소침해 있거나 얼굴에 구름이 낀 것처럼 어두워 보였다. 의상이나 장신구

역시도 차이를 보여 소탈하였다.
막 입문한 초보 회원은 '실적을 올리는 것만이 살길이다.'라는 마음으로 목숨을 걸어야 한다. 7단계 직급 중 최상위 임페리얼이 되려면 그분들에 체험담을 교훈 삼아 열심히 뛰어야 산다.

애터미 세미나의 모습

 네트워크 피라미드 다단계가 강남역, 선릉역, 교대역 주변에 수백 개씩 난립해있다. 하지만 거의 개점 폐업으로 6개월 안에 잠적하는 사기 다단계다.
수많은 서민이 사기를 당해 피해를 보고 파산하니 극단적으로 자살까지 하여 사회적 물의를 일으켰다. 그래서 건실하게 성장하는 업체까지도 도매금이 되어 다단계라면 거부감을 느껴서 이미지가 좋지 않다.

 그런 나쁜 이미지를 말끔히 씻게 한 것이 애터미 기업으로 2009년부터 16년째 승승장구하며 탄탄대로를 달리고 있다.
유통기업으로는 5천억 원으로 수출 1위이며 총매출액은 2조 원으로 2%를 사회에 봉사하고 있다.
성공과 실패는 최고 경영자의 마인드에 달려있다.
애터미 회원이 1,500만 명까지 불어나고 가입 가능 국가 114국, 해외법인 26개국과 수출로 기적을 이룬 데는 경영자의 마인드, 제품 품질, 저렴한 가격 그리고 피라미드 설계부터 다르다.

 실패한 업체들의 원인은 안될 것을 뻔히 알면서도 사기 치기 위함에 검은 발톱을 숨기고 출발하였으며 그런 마음으로 만늘어진 상품이기 때문이다. 흉내만 낸 조잡한 싸구려 불량품들을 터무니없이 원가의 수십 배 마진을 붙여서 파니 회원들에게 눈탱이를 치고도 버티지 못하여 잠적하는 것이다.

 기소중지 되었다가 체포되면 불법 다단계 죄로 구속되고 거지가 되어있어서 회원들에게 피해보상을 할 수가 없었다.
자신도 못 살고 회원들까지도 가정은 이혼하고 신용 불량자가 되는 어리석은 짓들이다.
이래서 명언이 생겨났다.
사람은 어떤 사람을 만나느냐에 따라 팔자가 바뀌고 인

생이 바뀐다고 누구와 함께하느냐에 따라 인생의 성패가 갈린다는 뜻이다.
그때 애터미를 만난 사람은 상위직급에 월 1억 원이 넘어 풍요롭고 행복한 삶을 누리고 있다.

애터미 직급은 7단계다.
1. 세일즈 마스터 판매사
2. 다이아몬드 마스터 팀장
3. 샤론로즈 마스터 국장
4. 스타 마스터 본부장
5. 로열마스터 총장
6. 크라운 마스터 단장
7. 임페리얼마스터 총단장

 초보 세일즈 마스터는 판매 실적으로 승급되고, 이후 직급부터 좌우 각 2명씩 나와서 같은 직급을 배출한다. 그러나 사기 다단계를 만난 사람들은 상위 몇 명만 수당을 타 하위직은 피해를 보았다.

 시중에는 이런 말이 돌고 있다.
'돈 벌고 건강해지고 예뻐지려면 애터미를 만나라.'
이미 애터미 회원이 되신 분들은 박한길 회장님을 만난 덕분에 복 받은 분들이다. 자본도 필요 없고, 자신이 필요한 치약, 칫솔, 샴푸같은 생활용품을 구매하며 무점포에 자신이 포장하지도 않고 발송하지 않으면서 돈만 버는데 이런 직업은 하늘 아래 눈 씻고 찾아봐도 없다.

 필자에게는 늘 이런 습관이 있다. 무엇을 접하면 그대로 끝내지를 않고 다른 것과 접목해 보는 것이다.
그래서 세미나장에서 하나하나 메모를 하던 중 나도 모르게 두 무릎을 쳤다.
옳지 이거구나!
그동안 사업 해오며 모아둔 약 30만 명의 고객에게 애터미를 알리는 60쪽짜리 소책자와 카달로그를 포함하여 우편으로 보내보자 하니 반응이 올 것 같아 가슴이 뜨거워졌다.

 그래서 4시간 세미나가 끝나자마자 머리에서는 밑그림이 그려지고 있었다.
지인과 독자에게 배달되면 상담사를 시켜 일일이 콜을 하여 치약 칫솔부터 판매하고 그다음에는 찾아가 대면하면서 회원가입을 시킨 후 주력상품인 헤모힘을 적극 추천할 예정이다.

 필자는 글을 쓰는 소설가로서 출판사를 운영하므로 시간이 모자란다. 그래서 사업을 대신할 수 있는 젊은 인재를 내세워 직접 방문하여 애터미 회원으로 가입시키고, 가이드를 해주는 큰 그림을 그리는 중이다.

 사람은 먹은 대로 내일의 내 몸이 되고, 아는 만큼 보인다.
내가 결단하지 않으면 내 몸이 탄탄해지지도 않고, 아는 것도 없으니 그릇이 작아 잘살 수 있는 깜냥도 못 된다.
사람은 마음먹기에 달려 애터미 만이 살길이라고 결심하였으면 月수당 1억이 넘는 최고직급까지 도달하는 데 최선을 다해야 한다.
체면 차리고, 눈치 보고, 소심한 자가 성공하기는 힘들다. 팔아야 내가 산다는 각오로 죽기 살기로 해야 하며 품질 좋아 고객에게 환영받고, 저렴한 가격이라 거부감이 없고, 소모품이라 한번 고객은 영원한 고객이 된다. 라는 생각을 해야 한다.

 그뿐만 이니라 앞으로는 120세 시대가 온다는데 고인 물은 썩고 흐르는 물은 맑듯이 소일거리가 생겨서 움직이게 되니 더 건강해진다.
자신이 한 만큼 소득이 돌아오니 노후 준비는 걱정 안 해도 된다. 만약 120세가 되어 사망할 경우 가족에게 상속되며 상속세 없이 그대로 손자까지 이어진다.

필자도 네트워크 가입 권유를 수도 없이 받아 보았지만 한 번도 싸인한 적은 없다. 내 본업도 바쁘기도 하고 1인 10역으로 여러 가지 일을 하니 관심을 가질 수가 없었다. 그러나 이번만은 다르다. 필자의 자서전에서도 언급한 바가 있지만, 80이 넘은 나이에도 핸드폰 3대를 한 번도 빠트리고 다녀본 적이 없고, 지금도 1인 10역을 하고 있으니 애터미에 도전하려고 한다.

 주치의께서는 정신적인 인지 능력이 50대 못지않다고 하셨다. 치과에서도 잇몸과 치아가 튼튼하다고 하시며 어떻게 관리하냐고 물으시길래 애터미 치약과 칫솔만 쓴다고 하니 제품이 좋은가 보다.라고 말씀한다.
애터미 칫솔은 다른 칫솔과는 달리 머리가 작고 극세모라 부드러우며 손잡이는 얄상하여 입속 깊은 곳 구석구석까지 잘 닦인다.

 필자는 '이 나이에?' 라거나 '이제는 쉬어야지 뭘 해!' 이런 고리타분한 단어와는 거리가 멀다. 요즘 107번째 집필하고 있는 <새봄이>와 젊어지는 <회춘 비결>을 집필하는 데도 도움이 크게 될 것 같다.
이왕이면 애터미에서 최고령 사업자로 왕성한 사업 활동을 할 생각을 하니 가슴이 뜨거워진다.

옛날 같으면 꿈에서도 생각지 못할 일이다.
조선시대 왕 중 83세에 사망한 영조 대왕이 가장 장수한 임금이다.
지금 필자의 나이와 영조 임금과 나이가 같지만, 필자는 아직도 늙었다고 생각하지 않고 앞으로 살날이 40년은 더 남았다고 생각하며 노력한다.
그래서 미국 어느 대학교수의 책에서 읽은 게 생각난다. 세상은 20년마다 크게 변하기 때문에 그 전에 지식은 무용지물이 되어 새로운 지식을 다시 쌓아야 해서 평생을 배우는 것이라고 하였다.

 맞는 말이다. 오히려 세상이 더 빨리 급변해 얼마 전만 하더라도 장사하려면 장사 밑천에 점방이 있어야 할 수 있다.라는 고정 관념이 있었지만, 지금은 맨몸에 핸드폰, 카탈로그와 7천 원짜리 명함 한 갑을 패스포트에 나누어 담고 필드에 나가면 그것만으로 준비 완료다.
처음에는 가족과 친구, 인맥을 찾아 나서면서 마음이 떨리거나 조급할 필요가 없다. 거절당하면 뒤통수 부끄러워서 어쩌지? 하며 쫄거나 겁먹을 필요가 없다.
물건을 사라는 게 아니다. 칫솔 하나를 써보라고 선물하면 싫다는 사람은 없다. 그러면서 카달로그 한 장을 주면서 제품들을 보라고 하면 된다.

온실 속에서만 자라온 사람은 조금만 힘들어도 작심 3일로 잘 포기한다.
필자는 끌려가다시피 한 세미나에서 4시간을 경청하며 느끼고 터득한 것이다. 그동안 인맥을 형성한 지인들에게 건강을 위해서 애터미 회원으로 활동을 권할 참이다.
모르는 것은 손에 쥐여줘도 모른다. 모르면 더 알려고 자료를 찾아보고 인터넷검색을 해보면서 배워야 한다.

필자가 13년째 핸드폰을 3개씩 소지하는 이유는 독자가 30만 명인데 핸드폰 한 대에 다 입력되지 않기 때문이다. 그래서 나누어 입력해 놓고 독자 관리를 한다. 독자분 중에는 카톡이나 메시지를 잘 안 보시는 분도 계시다. 그런 분께는 우편으로 신간이나 카달로그를 발송해 드린다. 칫솔 하나를 넣어 드리면 금상첨화다.
애터미 세미나를 다녀온 후 일주일 동안 60쪽 소책자를 집필한 것은 독자들에게 빨리 알리고 싶어서이다.

앞으로 애터미 사업을 하면 30만 독자 전원에게 애터미 카달로그와 신간 책을 지속적으로 선물해 드리려고 한다.
바야흐로 광고 전쟁 시대다. 알리지 않으면 소비자는 모른다. 광고하면 소비자에게 일일이 사라고 설득할 필요가 없다. TV 홈쇼핑처럼 충동구매도 있고, 필요 욕구에 의하여 구매가 이루어지는 것도 있겠다.

 쇼호스트는 곧 매진될 거라고 트릭을 써가면서 매출에 신경을 곤두세운다. 한번 방송을 만드는데 비용이 억이 들기 때문이다.
실물을 보지 못하고 시식하지 못한 음식을 구매하고 한번 먹어보니 광고와는 많이 달라서 실망하게 된다.
그래서 개봉하여 먹은 것도 있고 또 반품하기에 번거로우니 쓰레기통으로 막 바로 직행한다. 광고비가 고가이다 보니 원가를 절감하느라 재료가 수입산 싸구려 이거나 원료가 적게 들어가 맛이 없는 것이다.

 그런데도 유명 요리 전문가나 이름있는 연예인을 모델로 내세워 이번은 틀림없겠거니 하고 구매해 보면 역시나다. 사기 다단계 상술과 유사하다.
그러니 광고로 한번 해 먹고는 그 상품은 자취를 감춘다. 소비자를 속이고 우롱하는 기업은 수명이 짧다.

 애터미가 상품의 품질이 좋으면서 저렴한 이유는 고가의 광고비가 없고 제조에서 판매까지 동시에 유통이 이루어져서 중간 마진과 재료비가 절감되기 때문이다.
그러므로 박리다매로 1,500만 회원에게 수당을 돌려주

고도 원활하게 운영되며 승승장구하는 것이다.

나이가 들수록 암, 당뇨, 치매에 걸릴 확률은 더 높아진다. 예방이 우선이다. 노인 인구가 천만이 넘고 있어 실버상품 시장이 대세다.
생산자는 물건을 만드는 것보다 판매하는 것이 더 어렵다.

애터미 회원 중에는 본업이던 가게까지 때려치우고 본격적으로 뛰어들어 전업으로 한다.
그럴듯한 직장에서 정년퇴직 후 편안하게 살 수가 있는데도 활동을 위하여 애터미 회원에 가입하여 움직였더니 당뇨가 오기 시작한 전 단계가 싹 사라졌다고 살맛이 난다고 한다.

지도자의 창의력과 의지가 기업은 대기업으로 성장하듯이 기적의 철인 박한길 회장님은 쇠도 녹이는 열정으로 애터미를 대기업보다 더한 왕국을 세웠다.
왕조 시대는 나랏돈으로 세웠지만, 애터미는 오로지 회원들끼리 뭉치고 박한길 회장의 투지만으로 이룰 수 있었다.
윤영성 1호 사업자이자 목사님께서 2025년 10월에 박한길 회장님의 자서전이 출간될 거라고 귀띔하시니 마낭 기대된다.

 자서전에는 자신이 일생동안 한 일을 한 권으로는 다 표현하지 못한다. 그래서 본 필자의 자서전도 1권 <천태만상>, 2권 <인생길> 전반전과 후반전으로 나누어서 기록하였다.
필자의 자서전을 모두 읽어 본 가족, 친지, 친구, 지인과 독자들은 그동안 몰랐던 스토리를 알게 되니 저자가 새롭고 다시 보인다고 말한다.

 박한길 회장님이시자 장로님이 걸어온 길을 자서전을 통하여 새롭게 알게 될 것이라 생각하니 더욱 가슴이 벅차오른다. 어린 시절과 성장하면서 겪은 일, 젊은 나이에 시한부 인생으로 투병하며 극복한 사연 등 그런 인연이 새옹지마처럼 전화위복이 된 스토리를 생각하니 책장이 술술 넘어갈 것 같다.

애터미 본사 전경

애터미 회장 박한길 자서전부터
대우그룹 김우중 회장의 자서전 <세계는 넓고 할 일은 많다>
현대그룹 정주영 회장의 자서전 <이 땅에 태어나서>
삼성그룹 이병철 회장의 자서전 <호암자전>
롯데그룹 신격호 회장의 아들이 쓴 <나의 아버지 신격호>
대기업 창업 1세대들의 자서전은 사업을 하는 회원들이라면 꼭 읽어야 할 필독서이다.
책은 사람을 만들어 훌륭한 인재로 쓰이며 독서 하지 않고는 성장할 수가 없기 때문이다.

애터미는 영남 산불피해 성금으로 100억 원을 기부하였으며 3억5천만 원어치의 구호품을 나누어 주었다.
애터미는 누적 1,300억 원 이상 기부를 이어오고 있는 모범 기업이다.

애터미는 칫솔과 화장품 건강식품으로 유명하여 26개국에 수출하고 있으며 미국에서만 작년에 1천억 원 넘는 매출을 거두었다. 중국법인은 매출 1조 원, 러시아와 대만에서도 1,300억 원에 매출을 기록하여 세계에서 네트워크 매출로 10위권 안에 들기도 한다.
애터미는 정부에서도 일하기 좋은 기업으로 4년 연속으

로 선정되기도 했다.

 세계 각국에 있는 애터미 회원 1500만 명은 100회 이상 세미나에 참석하기 위해 연간 50만 명이 공주를 찾아 750억 원을 소비한다. 경제적인 파급효과는 2,400억에 애터미의 누적기부금은 천억 원에 달한다. 공주시는 효자 기업인 애터미로 인해 세수를 한해에 60억 원이나 거둬들이고 있다.

 박한길 회장님은 애터미를 창립하기 이전에 시한부 판정을 받았으며 신용 불량자였다. 그러나 원자력 병원의 의술로 목숨을 건졌고 그곳에서 개발한 건강식품과 화장품 판권을 얻어 인생의 새 출발 하는 시점이 되었다. 네트웤 사업자를 내려면 오랜 지인인 윤영선씨에게 부탁할 수밖에 없는 열악한 출발이었다.
윤영선씨 부인 명의로 사업을 시작하였지만, 지금은 1,500만 명의 회원과 2조 원의 매출로 무에서 유를 창조하여 성공신화를 이루었다.

 사람들은 누구나 건강하게 오래 살기를 원한다.
그리고 풍요로운 돈과 아름답고 예뻐지기를 바란다.
이럴 때 애터미를 만나는 것은 행운이다.
건강, 돈, 아름다움 이 3가지의 본능은 저절로 하늘에서 뚝 떨어지는 것이 아니라 어떠한 계기가 되었을 때 느끼고 터득하고 깨달아야 만이 마음이 동요되고 행동으로 이어진다. 행동이 습관이 되면 인생이 바뀌는 것이다. 무자본, 무점포, 포장이나 발송도 하지 않아도 되고, 핸드폰, 명함, 카달로그만 있으면 꿈은 이루어진다.

 앞으로는 120세 시대가 되므로 나이가 들어도 통장에 고정적인 수입이 들어와야 하는데 애터미가 바로 그런 회사이다.
만약 수명이 다하여 사망하게 되면 아내나 자녀에게 고스란히 양도된다니 이보다 더 좋은 상속이 없다.
병원에서 병명을 진단받으면 서점에 가서 그 병에 관한 책부터 사서 보듯이 애터미 사업자가 되기로 가입을 하였다면 세미나에 참석하여야 한다.
운동선수가 만 번 연습하면 금메달이지만, 연습 부족은 노메달이듯이 준비하고 알고 가면 남보다 더 빨리 터득이 되고, 실적을 올릴 수 있기 때문이다.

제2장 성공 사례

①성공 사례자 주 진완 씨는 고려대를 나와 제일 은행에 20년을 다니다가 애터미로 갈아타기 위하여 과감히 퇴직하였다. 지점장 연봉이 일억인데도 만족하지 못하였고 더 높은 꿈을 위하여 애터미 회원으로 가입하고 죽기 살기로 뛰었다. 그런 후 4년이 되자 7단계에서 최고직급 바로 아래인 6번째 CM 단장이 되어 월 4천만 원이 통장으로 들어왔다.
이제는 이사 갈 필요도 없게 되었다. 왜냐면 강남에서 전망이 제일 좋은 집에서 살기 때문이다. 이 모든 게 애터미 때문에 가능한 일이었다.

②하남에 사시는 신정자씨는 83세로 다이아몬드 마스터로 판매사 다음인 팀장이다. 팀장은 월 400에서 천만 원의 수입이 생긴다.
신정자씨는 나이가 많아서 손과 발이 저리고, 잘 넘어지고, 기억력도 없어져 지인이 추천해준 애터미 헤모힘

을 먹기 시작하였다.
그 후 점점 활기가 넘치더니 정신도 또렷해지기 시작하였는데 헤모힘을 추천했던 분이 회원가입을 해보라고 한 것이 계기가 되었다.
놀면 뭐 하나 하며 소일거리로 시작한 것이 이러한 영광의 자리까지 오게 되었다고 한다.
헤모힘을 먹으면서 애터미를 알게 되었고, 건강도 회복되고 수입도 생기니 백 살까지 애터미와 함께하겠다고 말한다.

③전업주부였던 43세인 회원은 월 천만 원을 벌어 월천댁이 되었다.
처음 시작한 2021년에 250만 원, 2022년 550만 원을 벌었고, 2023년 3천만 원 드디어 4년 만에 2024년 1억 5천만 원을 벌어 세 번째 직급인 샤론로즈 마스터 국장이 되었다.
어느 날, 친구가 '애터미 한번 해보지 않을래?' 하여 빈혈이 심했던 차에 헤모힘을 먹게 되었고, 가격이 저렴해서 부담이 없어 먹기 시작한 뒤로 건강을 되찾을 수 있었다.
꾸준히 먹은 덕분에 빈혈이 없어지니 가족들과 주변 지인들이 먼저 알아보았고, 애터미에 믿음이 갔다. 그래서 아무도 몰래 애터미가 어떤 데인지 알아보기 시작했다.

누구나 건강식품, 화장품, 생필품을 어차피 써야 하는데 싸고 좋으니 단골이 안 될 이유가 없었다.

그때부터 뒤도 옆도 돌아보지 않고 뛰어들었다. 시간이 남을 때는 아르바이트로 몸으로 때우는 홈쇼핑 포장일을 하였는데 애터미는 몸도 고달프지 않았고 수입도 몇 십 배가 올라서 내가 살 길은 이거구나 하고 죽기 살기로 뛰어다녔다.
"수입이 늘어나니 아르바이트 다닐 때 타던 소형차도 중형차로 바뀌게 되더라고요. 애터미 사업은 어려울 게 없어요. 내가 쓰고 있는 칫솔 치약부터 솔직하게 사용 후기를 설명하면 돼요."라고 말한다.

 2025년 3월 28일과 29일 양일간 1박 2일로 속리산 포레스트 호텔에서 400여 명의 애터미 회원들이 석세스 아카데미에 참여하였다.
박한길 회장은 이날 깜짝 방문하셔서 인생 시나리오의 중요성을 강조하셨다. 속리산에서 쓰는 인생 시나리오는 애터미에 있어 각별한 의미였다며 속리산의 유스타운이 지금의 애터미를 만들었다고 하였고, 속리산 포레스트 호텔은 글로벌 유통의 허브 애터미를 만들어 가는 터전이 될 것이라고 말씀하셨다.

이날 한양대 유영만 교수는 강사로 나와 '백 년 기업 애터미'라는 주제로 강연하였다. 성공하는 기업의 7가지 성공요건으로 애터미 기업을 풀어냈다. 그가 정의하는 기업들의 성공요건은
①존재 목적과 사명
②정체성과 가치 공동체
③비전과 시각화
④과감한 도전과 학습
⑤헌신적 리더십 창조
⑥지속가능성 브랜딩
⑦공농제 기여외 헌신
애터미 존재의 목적과 사명은 고객의 건강과 행복 그리고 성공을 도와주는 라이프다. 또한 영혼을 소중히 여긴다는 믿음에 굳게 선다.라는 생각으로 경영한다. 애터미의 사훈은 바로 정체성과 가치 공동체 요건을 충족시킨다.

세 번째 요건인 비전과 시각화 요건은 살며 사랑하며 배우며 공헌하는 삶이 대응하고 있으며 과감한 도전과 지속적 학습이라는 요건은 현재에 안주하지 않고 끊임없이 도전하는 것이다.
젖소 철학과 아기 철학을 바탕으로 고객 만족과 감동을 넘어 성공을 돕는 든든한 비즈니스 파트너로 자리매김

하는 것을 지속가능성 브랜딩이다.

 마지막으로 공동체 기여와 헌신은 애터미가 가장 잘하는 것인 사회 공헌이다.
유교수는 100년 기업으로 가는 성공의 길에는 도전과 꿈과 열정과 헌신이 있다고 말했다.

 첫날 저녁에는 김경숙 임페리얼 마스터가 어떻게 꿈꾸고 어떻게 이뤘는가에 대해 열정적으로 이야기하며 인생 시나리오의 유효성을 설명했다.
한상근 전무는 헤모힘에 대해 누구보다도 알기 쉽게 강연해 참석자들의 박수를 받았다.
이어서 박미영 크라운 마스터는 애터미 가치와 비전을 주제로 가슴 울리는 뜨거운 강의와 참석자 열 명의 인생 시나리오가 있었다.
1박 2일이 마치 한순간에 끝난 듯한 아쉬움을 뒤로 하고 마무리됐다.

 참석자들의 반응은 뜨거웠다. 400명의 작은 인원이 오붓하게 모여 인생 시나리오를 쓰는 시간이 좋았다며 성공으로 가는 길에 많은 도움이 됐다고 하였다. 또한 강의가 생동감 넘치고 편하고 아늑한 숙소에 감동받았다고 회원들은 하나같이 입을 모았다.

속리산 1박 2일은 매월 진행된다.

 4번째 최규정 임페리얼 마스터가 탄생하면서 내 꿈은 나와 가족과 파트너 들의 삶이 바뀌는 것이라고 입을 열었다.
여느 사업자들처럼 나도 오리탕 집에 재료납품 하다가 박정수 임페리얼마스터의 손에 이끌려 공주 세미나장에 왔다가 애터미가 시작되었다.

 전설의 17인 중 한 사람이 되기 전까지는 식당에 재료를 납품하는 데 한계를 느끼고 있었지만 그렇다고 애터미에 대한 큰 기대도 없었다. 그저 따뜻한 집에서 가족들 굶기지 않고 살 수 있다면 충분하였다. 그런 마음으로 애터미에 올인했더니 결과는 애터미 최고직급 임페리얼마스터가 되었다. 내 꿈은 나와 가족과 파트너들의 삶이 바뀌는 것이라며 회원들의 비빌 언덕이 되어주고 싶다.

 하던 일도 그만두었기 때문에 애터미 사업에 죽기 살기로 매진하였다. 식자재를 그만두면서 밀린 식자재 값을 다 정리하고 나니 중고차 한 대도 살 돈이 없어 렌트카로 전국을 누비고 다녔다.
한 달에 무려 만 킬로미터 이상을 다녀 엔진오일은 한

달에 한 번 갈아야 했고 타이어는 5개월에 한 번씩 갈아 끼워야 했다.
가족들은 그러다가는 쓰러진다고 걱정이 이만저만이 아니어서 한사코 말렸지만 통하지 않았다.

 급기야는 반신마비가 왔지만, 다행히도 오래가지 않고 회복되어 또 죽어라 하며 전국을 돌아다녔다. 아니나 다를까 재발 되어 마비가 다시 찾아왔다.
하지만 잠깐만 쉬고 다시 전국 방방곡곡을 뛰었다.
그 당시 정상에 올라 성공을 맛본 사람이 없었으니 7등급 중 최고직급인 임페리얼마스터로 성공한다. 라는 확신이 서면서 강한 의지를 불태웠다.

 최규정은 마지막으로 "그동안 하는 일마다 망하여 8번 망하고 9번째가 애터미였습니다. 그래서 8전 9기라 이번 이번에는 끝장을 보아야 한다고 결심을 했습니다. 모든 일은 저절로 되는 것은 없습니다. 여덟 번 실패로 시련과 고난은 제 인생을 성장시키는데 큰 교훈을 가르쳐주었습니다.
지금 다니고 있는 애터미가 자기처럼 망하면 안 된다는 생각으로 인생을 걸고 죽기 살기로 오로지 애터미에 미쳐 있었습니다. 회사가 망하면 꿈을 이룰 수가 없으며 말짱 도루묵이 되기 때문에 목마른 사람이 샘을 판다고 나보다 회사가 먼저 잘되어야 했습니다."라고 말했다. 애터미로서는 최규정 같은 인재가 있었기에 승승장구하는 것이다.

 기업은 한 사람의 인재를 잘 만나면 천명의 가족을 먹여 살린다고 하듯이 사업은 곧 사람이다.

네트워크에서 1인 사업자가 성공하려면
①열정이 샘솟아야 한다.
②용기가 남달라야 한다.
③책임감이 있어야 힌디.
④부지런해야 한다.
⑤따뜻하고 겸손해야 한다.
⑥인사성이 깍듯해야 한다.
⑦믿음을 주는 신뢰성이 있어야 한다.
⑧창의력이 있어야 한다.
⑨세미나 참석 등 공부를 계속해야 한다.
⑩끊임없이 도전해야 한다.

 성공하는 사람은 남과 다르다. 남과 같아서는 정상에 오를 수가 없다.라는 게 만고의 진리며 불변이다.
최규정 임페리얼같이 하면 정상에 오르지 않을 수가 없다.

감나무 밑에서 입만 벌리고 있다고 감이 입속으로 들어오지는 않는다. 두 발로 가장 많이 뛴 사람의 보상 대가는 반드시 돌아온다.

 최규정은 네트워크가 처음이었다. 하지만 모든 사람은 개인에 따라 적성에 잘 맞는 일을 하여야 능률이 오르듯이 물 만난 고기처럼 애터미와 궁합이 잘 맞았다.
제품을 접해보니 얼마든지 팔 수 있겠다는 자신감이 있었다. 그동안 영업만 해왔기 때문에 상품을 판단하는 안목도 있었다.

 애터미 사업은 혼자서만 하기에는 한계가 있어서 제심합력(齊心合力)이 있어야 한다.
초대 이승만 대통령의 연설에서 유래한 제심합력(齊心合力)이란 국민이 한마음 한뜻으로 힘을 합친다는 뜻으로 뭉치면 살고 흩어지면 죽는다는 말이다.
애터미 기업에서도 제심합력에 대해서 가르치며 강조하고 있다.

 최규정은 익산에 망해가는 오리집에서 만났던 사람들 때문에 제심합력의 중요성을 깨닫게 되었다.
오리탕 집 운영은 혼자 하는데 애터미 사업은 서로 경쟁자가 아니라 협력자들이다. 파트너가 성공해야 내가 성공하고 내가 성공해야 스폰서도 성공한다.
애터미의 이런 정신이 희망을 잃어버린 사람들이 다시 용기를 가질 수 있다.

"애터미를 하면서 가장감격스러웠던 순간은 다섯 번째 직급인 로열마스터를 달성했을 때다. 더이상 가족의 생계에 대해 걱정을 하지 않아도 됐기 때문이다. 6번째 크라운 마스터가 되고 7번째 임페리얼 정상 직급이 되었을 때의 기쁨은 자신의 결정이 옳았음을 확인하는 것이었다. 월세 내는 날이 돌아오면 가슴 조이며 주인 눈치를 볼 필요도 없었다. 이제는 800평의 널찍한 대지에 익산 시내가 다 내려다보이는 언덕 위에 마당이 있는 단독 주택에서 누구 눈치도 보지 않고 내 마음대로 마음 편히 살 수가 있으니 이제는 여한이 없다.

 사업을 한답시고 시골 고향 집까지 팔아먹고 말았다. 그 고향 집에 대한 그리움과 미안함이 있어 같은 고향에서 이 집을 만들게 된 것이다. 이제는 파트너들이 자신과 같은 꿈을 이룰 수 있도록 돕는 것이다. 수없이 장사를 망하면서 누가 나에게 조언이나 격려나 조금의 도움만 받을 수 있었다면 언덕이 되어 다시 일어설 수 있을 것만 같았다. 그런 것이 굉장히 아쉬웠다. 그래서 우리 파트너들에게 언덕이 되어 주고 싶다. 소도 언덕이 있어야 비빈다고 비빌 언덕이 있으면 어려운 고비를 넘겨 임페리얼이 되게 해주고 싶다."라며 마지막으로 연설을 마쳤다.

최고 직급 임페리얼 마스터 상금 10억과 트로피

제3장 효자상품 '헤모힘'

 애터미 대표상품 헤모힘은 한마디로 요약하자면 면역력의 황제다.

 헤모힘은 한국 원자력연구원이 국가 예산 50억 원을 투입하여 개발한 면역기능 개선 건강기능식품으로 100세까지 누구나 섭취할 수 있다.
15명의 박사 및 의사급 연구진이 8년에 걸쳐 연구한 결과물이다.

 면역력이란 외부에서 침입하는 바이러스, 세균, 독소 등 유해 한 물질로부터 몸을 보호하는 능력을 말한다. 외부에서 들어오는 온갖 병균이 입과 코, 피부 점막과 몸속으로 침투해 오면 가래와 재채기가 병균을 차단한다.

 면역력이 약한 사람은 감기나 잔병치레를 잘 하고 상

처나 염증이 잘 낫지 않으며 심지어 불임도 면역력과 깊은 관련이 있다. 면역력이 강한 사람은 마스크를 쓰지 않았는데도 코로나에 걸리지도 않고 피부가 맑고 트러블이 적으며 피부병을 모르고 산다. 그래서 면역력이 강하다는 것은 신체적으로 건강하여 치아, 귀, 오장육부에 아무런 증상이 없이 건강하게 잘 사는 것을 말한다.

 면역력이 강하면 강력한 질병이 오더라도 살짝 왔다가 가벼운 치료에도 빨리 낫지만, 면역력이 약하면 가벼운 질병에도 병상에 눕거나 사망에 이르기도 한다. 같은 병이라도 한 달 이상 가는 사람이 있는가 하면 3일만 콜록거리다 멀쩡한 사람이 있는 것은 개인적으로 면역기능이 다르기 때문이다.
면역력이 강했던 사람도 한순간에 무너져 방어벽을 뚫고 체내에 들어와 인플루엔자로 고생하므로 늘 조심해야 한다.

 사람은 출생부터 만9세까지와 50세 이후부터 면역기능이 떨어진다.
자동차도 오래 굴리면 고장이 잦 듯이 사람도 오장육부와 장기를 오래 쓰면 낡아져서 면역기능도 떨어질 수밖에 없다. 그러므로 젊은 사람보다 나이 든 사람일수록 면역력이 약한 것이다.

강한 면역력은 질병을 비켜 간다거나 역병을 면한다고 말한다.
이 말이 얼마나 면역이 중요한지를 말해주는 것이다.
도둑맞지 않으려면 문단속을 잘해야 하듯이 우리 몸에 병은 예방이 되어야 걸리지 않으므로 그 첫 번째가 면역력을 키우는 것이다.

우리 몸에는 하루에 5천여 개의 암세포가 생성된다. 그럼에도 모두가 암에 걸리지 않는 것은 암세포에 신속하게 대응하여 제거하기 때문이다.
면역계에 이상이 있거나 작동하지 않을 때 암세포는 영역을 확장해 가며 신체 각 부위를 잠식해간다.

면역력이 약하면 암, 감기, 폐렴, 기관지염, 방광염 등 각종 질병 발생률이 높아진다. 머리끝부터 발끝까지 면역력이 미치지 않는 곳이 없다고 하여도 과언이 아니다.
봄철 꽃가루 알레르기나 원형탈모까지도 면역력에 해당한다. 그렇지만 복숭아 알레르기, 당근 알레르기, 대머리는 유전에 가까울 수 있다.
예방 주사도 면역력을 높여 전염병에 걸리지 않게 높여주는 백신 접종이다.

그러면 질병을 예방하고 순조롭게 치유할 수 있도록 면역력을 높이려면 어떻게 하여야 하나?
만병에 근원인 스트레스를 받지 말아야 한다.
스트레스를 받지 않는 사람은 없지만 떨쳐내어야 한다.
근심, 걱정, 고민, 불안, 초조, 조바심, 앙심, 질투, 다툼, 미움, 욕심 이런 것들을 자제하며 의도적으로 피하여야 한다.
스트레스를 푼다고 술을 마시는 것보다 산책하며 음악을 듣거나 독서를 하는 것이 좋다.

체온을 높여 주는 것이 중요하다. 멋을 낸다거나 날씬하게 하려고 겨울인데도 내복도 안 입고 미니스커트에 배꼽티는 당장에는 모르지만, 불임과 여성 병을 달고 살게 된다.
그래서 음식도 따뜻한 음식을 먹어야 하며 냉수, 냉차, 빙수, 냉수욕은 체온을 떨어트려 면역력이 약화 된다.

스트레스 체온 다음에는 수면과 영양, 운동이다.
90이 넘어도 끊임없이 활동하는 사람은 면역력도 강하다.
건강은 예방이 첫째라는 것을 잘 알기에 면역이 그에 대한 답으로 돌아온다.
스트레스를 비켜 가고, 체온을 늘 높이고, 8시간 이상

낮잠까지 9시간을 숙면하고, 규칙적인 식사로 골고루 먹고 활동하며 5천 보 이상 걷는다.
그리고 면역력을 높이기 위해 애터미의 헤모힘을 섭취한다.

 나이 든 분들은 입으로는 건강이 최고라고는 하지만 어떻게 해야 약도 먹는 게 없이 120세까지 두 다리로 걸어 다닐 수 있는지 모른다.
그 이유는 독선적인 마음의 문이 닫혀있어 건강세미나 참석이나 건강 서적을 보지 않아도 다 안다는 안일한 생각 때문이다.
바로 이런 것이 아무것도 하는 일 없이 인생을 낭비하며 노년을 아깝게 보내는 일이다.

 전국민에게 건강 설문 조사를 하였더니 질병 예방을 위하여 건강식품을 섭취하고 있다는 응답이 35%뿐 이었다.
오히려 젊은 사람이 노인들보다 더 많았다.
노인 중에는 홍삼이 무엇인지 80이 넘도록 한 번도 구경 못 해본 사람이 수두룩 한데 헤모힘은 더 말할 것도 없다.

 앞으로 헤모힘 시장은 무한대로 보여진다.

필자가 일본에서 현지 법인 '샘보석' 사업 시 일본인들 90%가 건강식품을 섭취하였고 그래서 세계 장수국 1위가 일본이었다.

건강식품의 섭취는 건강악화를 사전에 방지하기 위해 관리 하는 것이다. 나이가 들수록 면역력이 떨어져 질병에 취약한데도 그 이치를 깨닫지 못한다.

건강식품 섭취, 규칙적인 좋은 생활습관, 충분한 수면, 적당한 운동, 고른 영양섭취는 면역 관리의 기본이다

헤모힘 같은 건강식품은 한 번만 섭취하는 것이 아니라 꾸준히 섭취해야 한다.

지금보다 건강한 미래를 위해 준비해야 지혜로운 사람이다.

　소화력이 약한 노인은 음식만으로는 충분한 영양섭취가 어려워 비타민, 미네랄, 단백질 등의 보충이 필요해 건강보조 식품을 섭취해야 한다.

그러려면 장기에 부합하는 제품을 선택해야지 건강기능식품은 치료제 약이 아니다.

약으로 오인하고 몇 번 복용하였는데도 효과가 없다고 불만을 터트리는 노인들이 많다. 꾸준히 섭취해야 효능이 나오는데도 조급함 때문에 분통을 터트리고 만다.

　신체의 정상적인 기능을 도모하거나 생리 기능 활성화

를 통해 건강을 유지 또는 개선하는데 의미가 있다.
그러므로 질병 발생 위험 감소 기능, 생리 활성 기능, 영양소 기능으로 구분된다. 건강식품 섭취는 질병의 발생 건강 상태에 위험을 낮춘다.
애터미에는 수백 종의 건강식품과 화장품 생활용품이 있지만, 회원들은 헤모힘부터 섭취해보고 헤모힘이 얼만큼 좋은지 알게 되어 자신감이 생겼다고 말한다.

 필자가 자수정출판사를 운영하면서 부업으로 자수정 홈쇼핑에서 신문광고로 건강기능 식품을 판매하였다. TM(텔레마케터) 여직원이 30여 명 있었는데 교육 시 고객이 가장 많이 원하는 게 남성은 정력제, 여성은 예뻐지는 화장품이나 미용기구라고 말했다.
할아버지들은 다리가 부들부들 떨리면서도 사무실까지 간신이 찾아와 남성 발기 기구를 실험해보고 구매하겠다고 떼를 쓰기도 한다.

 여기는 홈쇼핑이라 오시는 데가 아니라는 데도 막무가내였다. 그렇다고 노망난 할아버지가 아니라 남자의 본능으로 죽는 관 앞에서도 여자 생각이 난다는 것을 말해주는 솔직한 행동이다.
지금 같으면 다리에 힘이 풀려 후들거리는 할아버지에게 몸이 우선 회춘 되셔야 하므로 건강기능 식품을 추천해 드렸을 것이다.

 앞으로는 30만 명의 고객과 독자 그리고 홈쇼핑 구매자들에게만 본 서적을 발송하여 애터미를 알리고 헤모힘을 추천해 드리려고 한다.
그동안 잘 몰랐던 분들에게 회원가입 하는 방법을 알려 드리고, 헤모힘뿐만 아니라 생활용품도 꾸준히 사용하실 수 있게 도와드리려고 한다.

 헤모힘은 면역기능 개선인 건강식품으로는 국내 1호다. 1997년 국가기관인 한국원자력 연구소에서 연구하였지만, 상품은 만드는 것보다 판매가 중요한데 판매가 저조 하자 박한길 회장이 독점으로 인수하여 몇백만 개가 소비자 손에 넘어가고부터 빛을 보기 시작하였다.

 면역기능 개선에 도움 된다는 걸 확신하여 과대광고 없이 겸손한 자세로 판매하였고 그 결과 그 효능은 체험해본 사람만이 알 수가 있기에 지금까지 꾸준히 히트한 제품이다.
어느 광고 카피에 '남자에게 참 좋은데 말할 수가 없네.'처럼 헤모힘도 마찬가지로 생식기능과 정력에 말할 수 없는 만족을 느낄거라고 생각한다.

한국원자력 연구원은 의사들이 암을 연구하는 국과 기관이다.
발명은 필요에 의하여 탄생 되듯이 조성기 박사는 암을 이기려면 면역력이라는 걸 알고 연구하였다.
그는 약골로 태어나 질병으로 죽을 고비를 여러 차례 넘겼고 잔병치레는 달고 살았다. 고3 때는 수술까지 받게 되어 성적이 떨어져 '왜 나는 자주 아플까?'라는 생각을 하게 되었고 그 후 질병에 대한 관심을 갖고 서울대 미생물학과에 진학했다.

  1970년 신내륙을 발견하듯 면역학을 정립하여 1982년 군 제대 후 한국원자력 연구소에 입소하였다.
조성기 원자력 소장과 면역학이 붐을 일으키면서 제품 하나를 만들고 싶다는 욕구가 샘솟았다. 그래서 조성기 소장은 윤택구 박사와 합류 하여 연구에 몰입하였다.

  원자력 하면 원자폭탄이 떠올라 무서운데 방사선 의학의 연구와 첨단 원자력 의학기술을 상징화하여 붙여진 이름이다. 그만큼 암 연구와 면역연구에 전문인 병원이다. 암 환자들이 방사선으로 항암치료를 받고 나면 녹초가 되어 먹으면 모두 다 토하고 머리는 다 **빠져** 흉하게 되고 몸은 **뼈**만 남아 항암치료 방사선 말만 들어도 몸서리친다. 그래서 면역력 제품이 시급하다고 판단하였다.

 환자들이 암으로 그냥 사망하는 것보다 항암치료 받는 걸 더 고통스러워하는 이유는 방사선을 쪼여 암세포를 죽이고 주변으로 암세포가 옮기는 것을 막으며 그 과정에서 정상 세포도 손상시킬 수 있기 때문이다.
이 과정에서 여러 가지 부작용으로 환자들이 고통스러워하고 무엇보다도 암 환자가 많아지는 원인은 면역력 때문으로 면역력만 강하면 무병장수할 수 있다.
그래서 미리 면역력을 관리하는 것이 중요하다고 판단하여 연구 개발된 것이 '헤모힘'이다.

 국가기관이 10여 년에 걸쳐 심혈을 기울여 탄생한 헤모힘은 33종의 식물추출물로 만들어진 제품이다. 미국, 일본, 영국, 프랑스, 독일, 이탈리아까지 선진국에서도 국제특허를 받은 제품으로 기력이 좋아져 남성 스테미너도 살아난다.

 보혈(補血)은 피를 보충하고, 보기(補氣)는 기운을 북돋아 둘이 상호 보완해야 면역력이 강화된다.
옛 양반들은 생약 효과가 있다고 하여 혈과 기를 보호하기 위해 사물탕, 사군자탕, 십전대보탕, 구비탕, 보증익기탕, 삼령백출산, 허브 등을 정성스럽게 달여먹었다.

연구팀이 문헌이나 논문자료에 근거하여 먹기 편하게 만든 것이 바로 헤모힘이다.

 이렇게 좋은 보약 중의 보약 같은 명품 건강기능 식품이라 하여도 소비자가 안 알아주면 종이호랑이만도 못하다.
그래서 만드는 사람은 만들고 파는 사람은 팔아야 한다. 아무나 만들고 아무나 파는 것이 아니다.
원자력 연구진이 각고 끝에 만들어 샴페인을 터트렸지만, 신문광고를 내보면서 실망하였다. 하루종일 겨우 세 통의 문의만 오고 종 쳤기 때문이다.
사람도 때를 잘 만나거나 사람을 잘 만나야 운이 트이듯이 제품도 어느 때에 어떤 임자를 만나서 제대로 빛을 보느냐가 중요하다.

 면역학문은 참으로 오묘하므로 인류가 모두 다 밝혀내기란 어려울 것이다.
인간은 수억 명이 있어도 얼굴이 제각기 다르듯이 성격도 다르고 인체에 미치는 저항력도 다르다.
그러나 애터미 헤모힘은 인종이 다른 해외에서도 인정받아 기대 이상의 인기를 얻고 있다. 인종이 달라도 면역력에 탁월하며 가격(60포 두 달분 88,000원)이 저렴해 계속해서 판매되고 있다.

다른 경쟁업체에 이런 독점 아이템이 있었다면 소비자에게 백만 원 이상 눈탱이를 치거나 배짱부렸을 것이다.

 세계 제일 부자인 미국에서 헤모힘이 소비자들로부터 인정받아 불티나게 팔려 나갔다면 호랑이에게 날개를 달아준 턱이다.
우리나라 국민도 일찍 헤모힘을 알았더라면 질병에 걸리는 환자가 훨씬 줄었을 텐데 안타까운 실정이다.
미국과 유럽에서 인기가 끊이질 않자 러시아와 중국에서도 관심을 보여 헤모힘의 매출이 2조 원에 이르렀다.

 맛없는 음식점이 파리만 날리는 것은 장사가 안되면 무슨 문제가 있는지 자아 반성을 해야 하는 데 시국이 어려워서 손님이 없다고만 생각하지 맛이 없다고 생각하지 않는다.
그렇듯 사람들은 품질에 대해 예민하므로 품질이 나쁘면 매출 상승은 있을 수 없는 일이다.

 해외시장에서 헤모힘을 연구한 조 박사에게 어떻게 이런 좋은 제품을 만들었냐고 물으면 조 박사는 대답한다.
허약하게 자란 내가 면역 분야만을 연구한 게 운이 좋

앉다며 운때가 잘 맞은 것 같다고 겸손함을 잊지 않는다. 마치 갑부에게 부자가 된 비결이 뭐냐고 물으면 우리 아버지가 가난했기 때문이라는 이치와 같았다.

　애터미에서 헤모힘을 판매하기 시작한 것은 지금으로부터 16년 전인 2009년부터이다. 그 후 2년 국내에서만 천억 원이 넘는 매출을 올렸다.
소비자를 사로잡을 수 있었던 원인은 품질과 가격, 네트워크 조직, 판매기술 때문이다. 이렇게 3박자가 맞아떨어지게 이끌어온 것은 두말할 나위가 없이 박한길 회장의 경영학 박사다운 리더쉽이다.

　조선시대 뛰어난 인삼장사 임상욱처럼 타고난 거상 박한길 회장에게 헤모힘이 눈에 띄었기 때문에 베스트셀러가 되고 효자상품이 될 수 있었다.
제품을 만든 연구진이 판매한 것은 초라하게도 모두 500상자도 채 되지 않았다. 이 정도면 생존이 걸려 있어 곧 문을 닫아야 할 형편이었다.
그래서 안 팔리는 물건은 통상 위탁판매를 하는 경우가 많은데 제품을 만들고 판매하는 데에는 각자의 전문분야가 있기 마련이다.

　장사꾼들 몇 명에게 외상으로 위탁판매하였으나 마찬

가지였다.
팔리면 좋고 안 팔리면 말고 돈 주고 사논 게 아니니 판매에 머리를 쓰지 않으면 프로가 아니다.
그렇게 의학박사들이 심혈을 기울여 어렵게 명품으로 만들어낸 헤모힘이 주워온 자식처럼 버림받으니 기가 막혔다.
이제는 마지막으로 제품 모두가 사장될 판이었다.

이때 애터미가 창립한 지 3년쯤 되었을 때 박한길 회장이 우연히 TV에서 헤모힘 뉴스를 보고는 귀가 번쩍 뜨였다.
한국원자력 연구소에서 개발한 그 좋은 제품이 판로 개척을 못 해 사장될 위기에 처해 있다는 것을 보고는 '내가 한번 팔아 볼까!'라는 생각이 들었다. 누구보다도 파는 데는 자신이 있었다.
사람마다 특기가 따로 있어 거상 박한길의 눈에는 예사롭지 않아 보였다.

초등학교 시절 장래 희망이 뭔지 적어 내라고 했을 때 다른 친구들은 대통령이나 축구선수 아니면 버스운전사를 써냈는데 박한길은 장사꾼이라고 써냈을 정도로 장사에 진심이었다. 하지만 담임 선생님은 장난질을 한다며 핀잔을 하셨다. 할머니로부터 아버지가 일본과 중국을 다니며 장사하여 큰돈을 벌었다는 무용담을 들으며 커왔기 때문에 박한길도 세계를 누비는 큰 장사꾼이 되는 것이 꿈이었다.

 애터미를 설립하기 전에는 온라인 쇼핑몰을 창업하기도 하였다.
앞으로는 반드시 온라인유통이 대세가 될 것이라 확신하였기 때문이다.
2000년도에 시대를 너무 앞서가다 실패하여 신용 불량자가 되었지만, 그 당시 44세라는 나이가 아직은 젊다라고 여기고 오뚝이처럼 다시 일어섰다.
실패하지 않고 탄탄대로만 걸어온 거상은 없다.
실패의 시련과 곤경은 거상이 되기 위한 자양분이 될 뿐만 아니라 인간을 더욱 성숙하고 성장하게 만든다.
건강하고 용기를 잃지 않으면 기회는 반드시 찾아온다는 명언을 항상 염두에 두고 좌우명으로 삼으며 살았는데 바야흐로 헤모힘이 제 발로 성큼 찾아왔다.

 그러나 사업 실패에 신용 불량자에 간경화로 시한부 인생인 상황에서 판매에 대한 열정이 넘쳤던 것은 헤모힘 자체가 물건이었기 때문이다.
사람도 첫눈에 반하는 사람이 있듯이 헤모힘도 첫눈에 반하였다. 이렇게 반할만한 상품이라면 얼마든지 히트

시킬 자신이 있었다.
그 즉시 박 회장은 한국원자력 연구소장인 장인순 박사를 찾았다.

 장 박사는 생산처인 김치봉 대표를 소개해주었다. 그리고 드디어 2009년 6월 상품공급 계약을 맺었다.
500상자도 팔리지 않았던 원인이 분명 있었다. 장사할 줄 모르기도 하였고, 가격이 너무나 고가였다.
60포 한박스 한 달 분이 77만 원이라니 소비자들은 부담스러워 외면하였다. 이렇게 고가인 것을 두 달분에 88,000원으로 인하하니 불티가 나기 시작하였다.

 이쯤 되니 말기 암으로 시한부 인생을 사는 이상 물에 빠진 사람 지푸라기라도 붙잡는 심정으로 마지막 힘을 다했다.
겨우 5백 박스만 팔 수는 없어 박한길 회장은 헤모힘 가격을 10분에 1수준인 7만 원대로 인하하겠다고 과감하게 결정하였다.
하지만 애터미 내부에서부터 반대 의견이 쏟아져 나왔다. 그렇게까지 가격을 내릴 필요가 없고, 기존에 반값인 35만 원으로 하여도 무난할 상품이라는 의견들이었다.

제품의 우수성과 어디에도 없는 기술력에 대한 자부심이 담겨 있었고, 또한 원자력 의사들이 연구한 제품이라는 신뢰성 때문에 브랜드 가치가 높다고 판단하였지만 이렇게 귀한 제품을 우리 스스로 가격을 깎아내린다면 제품품질까지도 싼 게 비지떡이라는 이미지로 비칠까 봐 염려되었다.
그러나 박회장은 요지부동이었다.

결국은 김치봉 대표를 만나 담판을 지었다.
두 달분 88,000원에 판매할 수 있도록 공급조정을 해달라고 하니 듣지마자 불가능하다고 안된다고 펄쩍 뛰었다. 할 수 없이 박한길 사장은 비장의 무기를 꺼내 들었다.
주문 시마다 10만 박스씩 발주하데 입고 즉시 약속어음이 아니고 현금 결제하겠다고 하니 그때 서야 단가 조정을 해보겠다는 답을 들었다.

품질은 우수하게 그대로 유지하되 대량 생산을 하면 원가는 엄청나게 절감되는 게 제조 업자들이 가장 바라는 생산 원리다.
품질이 좋다고 비싸게 파는 것은 누구나 할 수가 있다. 그러니 유럽의 명품 가방도 소량으로 제작해서 한정판매하여 터무니없는 가격인 수천만 원을 호가하는 것이다. 만약 가방을 하루에 몇십 개 만들다가 몇천 개씩 만들면 그 가방 역시 10분의 1 이하로 떨어질 것이다. 이것이 장사의 이치이다.

 박회장은 좋은 제품이지만 누구나 접근성이 가능한 저렴한 가격으로 박리다매하는 것이 상품을 알리는 좋은 기회라는 생각이 들었다.
떴다방처럼 반짝 판매가 아닌 미래의 비전을 보고 10년, 20년, 30년 이상을 내다보면서 사업하려면 제품이 좋아야 한다. 그래서 애터미 하면 품질 좋고 저렴해 믿음이 가는 회사로 소비자들에게 인식이 되어야 한다는 경영철학이었다.

 박한길 회장의 경영철학은 적중했고 헤모힘은 없어서 못 팔 지경이었다. 공장에서는 밤새워 24시간을 가동해 만들어도 한강에 돌 던지기로 그 많은 제품 박스가 어디로 갔는지 하나도 보이질 않았다.
이럴 때가 사업에 묘미로 피곤한 줄 모르고 밤을 설치게 된다.
박회장은 사업이 잘 되니 더 열정적으로 덤벼들어 마른 수건을 쥐어짜듯이 원가 절감을 더 하여 포수를 늘리는 데 안간힘을 썼다.

가격적인 메리트가 더해지면서 판매량은 기하급수적으로 늘어나 생산 물량은 폭발적이었다. 건강식품 중 헤모힘보다 더 판매된 제품은 국내에서는 찾아볼 수가 없었다.
각고의 노력 끝에 헤모힘은 2014년 5년 만에 천억 판매를 돌입했고, 2022년에는 2조 원에 매출로 이어졌다. 눈에 보이는 경쟁자는 경쟁자가 아니다. 눈에 당장 보이지 않는 경쟁자가 진짜 경쟁자다. 잠재적인 경쟁자와 숨어있는 경쟁자까지 감히 넘볼 수 없는 초월적인 가격으로 승부를 걸은 게 애터미를 우뚝 일으켜 세우는 원동력이 되었다.

박한길 회장은 마음이 정직하기 때문에 꿈이 있었고, 양심적이기 때문에 사회에 기여 하는 바가 크다.
박회장은 건강식품 헤모힘으로 대한민국 국민을 건강하게 만들었고 전 세계 사람에게도 건강을 지키게 하였다.
글로벌대표 건강식품이 되려면 품질은 물론 가격이 저렴하여야 한다. 그래야 접근성이 좋아 부담 없이 지갑을 열게 된다. 가격이 고가이면 누구도 지갑을 쉽게 열지 않는다.

제4장 필자의 생각

 처음으로 간 세미나에서 4시간 강의 들은 것으로는 자료가 충분치 않지만, 인터넷을 검색해 가면서 소책자를 집필하는 데 일주일밖에 걸리지 않았다.

 우선 인쇄가 나오면
박한길 회장님, 윤용순 대표님, 윤영성 목사님, 전무님 임직원께 10부 드리고,
검품을 받은 후 1차로 3,000부 발행할 예정이다.

 몇몇 분께 사전 전화를 해보았더니 애터미가 무어냐고 질문하는 분
또 애터미는 들어보았는데 무엇 하는 곳이냐는 분
애터미는 알지만, 아무것도 사본 적은 없다는 분으로 보아 아직 황무지인 시장개척은 이제부터라는 생각이 든다.

필자의 자서전 1권에서 책 제목을 <천태만상>이라 정했듯이 황무지를 개척하려면 천태만상의 인간들을 다 겪어 봐야 한다.
세계 인구의 얼굴이 다 각각 다르듯이 성격 또한 다르므로 마땅치 않거나 비위에 거슬리는 사람이 있어도 타고넘어야 한다.
지는 것이 곧 이기는 거라는 이치를 깨닫게 되면 영업을 성공으로 이끄는 인격을 갖추는 것이다.

옛말에 장사꾼 똥은 개도 안 먹는다는 말이 있다. 즉 이 꼴 저 꼴 별꼴 다 보고 나면 꼴값 떠는 게 보기 싫다. 그러니 속이 터져서 똥까지 시커멓게 타기 때문에 맛이 없으니 개도 안 먹는다는 거다. 그만큼 장사를 하려면 힘이 든다는 뜻에서 생각의 그릇은 크고 속은 넓게 참는 인성을 길러야 거상의 자질이다.

우리 동네에 '총각네 과일'이라는 장사가 잘 안되는 가게가 있었다. 가격도 슈퍼보다 비싸면서 손님이 "슈퍼보다 비싸네요. 주세요."라고 하면 그냥 팔면 되는데 "아줌마한테는 안 팔아요. 거기 가서 사세요." 하면서 얼굴을 붉으락 댄다.

이런 총각은 장사에 자질이 없다.

그전에는 약혼녀가 총각과 같이 나왔었는데 번번이 손님에게 부르르 성질 떠는 것을 보고는 아니다 싶었는지 언제부터인가 약혼자가 보이지 않았다.

 그러던 중 한집 건너에 과일 가게가 새로 들어서니까 총각네는 개미 새끼 한 마리 가질 않고 파리만 날리더니 어느 날부터 문을 걸어 잠그고는 그 이후로 보이지 않았다. 성질머리가 인생을 망친 꼴이 된 것이다.
애터미 사업으로 성공하려면 과일 가게 총각 같은 성질머리면 안 된다. 그릇이 그렇게 작으면 결혼도 실패, 사업도 실패, 머지않아 건강도 실패하게 된다.

 장사도 인성을 갖춘 사람에게 어울리는 일이다.
돈보다 사람을 먼저 생각하고, 화를 내기보다는 이해하고, 손해를 보더라도 신뢰를 주는 사람이 결국 오래가고 크게 된다.
장사는 잔재주보다 인내, 진심, 신뢰가 밑바탕이다.

 포악한 사자는 12년 밖에는 못 살지만 느긋한 거북이는 200년을 사는 것만 보아도 사람의 성질머리가 인생을 좌우한다고 해도 과언이 아니다.
장사를 하려면 이 꼴 저 꼴 별꼴 다 보는 게 장사인데 그런 꼴이 싫다면 총각네처럼 장사를 접어야 한다.

장사는 물건만 파는 일이 아니라 사람을 상대하는 일이고, 사람을 상대하다 보면 억울하고 속상한 일도 당연히 생기는 법이다. 그런 걸 견디지 못하면 마음이 무너지고, 마음이 무너지면 장사는 오래 못 간다.
식물은 큰 나무 밑에서는 그늘 때문에 자라지 못하지만, 사람은 큰 거목인 사람 밑에 있어야 덕을 보게 된다.

 찬스를 잡을 수 있는 혜안과 용기를 가진 사람은 기회를 잡지만, 주저하고 용기가 없는 사람에게는 기회가 날아간다.
큰 기회는 자주 오는 것이 아니다.
축구선수가 골대 앞에서 찬스가 왔을 때 골인을 시키면 영웅이 되지만, 헛발질하는 순간 비난과 조롱의 대상이 되고 만다. 찰나의 순간에 운명이 갈리는 것이다.

 애터미가 내 인생의 행운으로 팔자를 고칠 수 있다고 느끼는 사람은 가슴이 뜨거워져 꿈을 이루지만, 한 귀로 듣고 한 귀로 흘려보내는 마이동풍인 사람은 찬스 앞에서 발조차 떼지 못해 아무것도 이루지 못한다.

 나이가 들어도 건강이 최고라는 것은 누구나 안다. 하지만 건강을 유지하고 지키는 일은 노력하지 않고서는 힘들다. 건강하게 장수를 하려면 첫째 고인 물은 썩고 흐르는 물은 맑듯이 늘 움직여야 한다.
일이 없으면 그냥 운동하기가 어렵다. 그러므로 노년에 움직이기에 가장 적합한 것이 애터미 사업이다. 매일 사람을 만나러 가야 하니 걸어야 하고, 여러 사람과 대화하니 기도 충전되고 외롭지 않다. 또 이렇게 움직이면서 실적을 올리려고 머리를 쓰니 치매 걱정도 없다. 거기에다 돈이 들어오니 영양가 있는 음식과 건강보조식품만 먹게 되어 몸은 더욱 좋아질 수밖에 없다.
나이가 들수록 밝은 옷으로 잘 입고, 잘 먹고, 매일 움직이면 120세까지 두 발로 걷다가 편안하게 쉬러 갈 수 있다.

　애터미는 신용 불량자나 백수로 지내거나, 지금 하는 일이 빈약하여 비전이 안 보이거나, 정년퇴직 후 빈둥빈둥 밥만 축내거나, 집안 살림만 하여 남는 시간이 무료할 때 애터미가 적격이다.
'에이 그런걸'하고 무시하거나 비전을 이야기해도 별천지 이야기라며 소귀에 경 읽는 벽창호와 가까이하면 오히려 용기를 잃게 되어 이런 사람은 경계해야 한다.
손에 쥐여줘도 모르는 사람을 설득하는 것은 돌부처에게 말하게 하는 것보다 더 힘들고 흑인을 백인으로 만드는 것처럼 어렵다.

세일즈는 거절로부터라고 거절하는 사람은 잠재 고객으로 남겨두고 설득할 시간에 여러 사람을 만나는 것이 사업의 첫걸음이다.
　세일즈 사업은 맨몸으로 상품을 판매하는 것이기 때문에 자신의 인격을 파는 것과 같다. 그래서 단정한 복장, 친절한 말투, 넘치는 매너, 진정성 있는 스피치를 갖춘 사람에게 고객이 몰려온다.
　미소가 없고 차디찬 사람이 사람을 대하는 일을 하면 부정적인 인상을 주어 신뢰감이 생기지 않는다. 이런 사람은 실내에서 고객을 응대하지 않고 혼자 하는 일을 해야 한다.

　필자와 같은 나이의 바이든 전 미국 대통령은 전립선암 말기로 뼈까지 전이되어 뼈가 새까맣고 치매까지 왔으며 삼성그룹 이건희 회장은 수십조 원의 재산을 남기고 세상과 작별한 지 오래되었고, 날아가는 새도 떨어뜨린다는 권력을 가진 북한의 김정일도 가족력인 심혈관 질환 뇌졸중으로 한참 전에 세상을 떠났다. 잘 먹고 움직임이 적었기 때문이다.
　필자와 같은 나이의 사람들은 이미 다 가고 없어도 젊은이 못지않게 애터미 사업에 도전하고 비전있는 글만 연속으로 집필하려고 한다.

애터미에 가입하고 싶어서 애터미 가입하는 곳을 인터넷으로 찾아보았더니 이곳저곳 강의하는 데까지 수도 없이 많았다.
그중에서 왠지 한 곳에 마음이 꽂혀 콜을 하니 신호는 가는데 받지를 않았다. 다른 데를 해볼까 하다가 다시 한번 더 해보니 또 받질 않았다.
삼세번이라고 이번에도 안 되면 가입 문의하라는 데는 많으니 다른 데로 해보려는데, 입력이 안 된 콜이 오기에 책을 본 독자인가 하고 폰을 터치하여 받았다.

"여보세요."
"부재중 전화 주셔서 전화 드리는 데 누구세요?" 젊은 여성분의 꾀꼬리 같은 목소리다.
"네, 회원가입을 문의드리려고요." 하니 반가운 목소리로 인사를 건넨다.
"그러세요? 그런데 저를 어떻게 아셨어요?"
"인터넷을 검색 중인데 전화를 안 받으시기에, 다른 데로 알아보려던 참이었어요."
"어머~" 하고는 까르르 웃더니 "일이 있어서 전화를 못 받아서 죄송해요." 하며 정중한 사과에 성격이 서글서글하니 밝아 보였다.

"가입은 어떻게 하는 건가요? 가입비와 구비 서류는

요? 어떻게 하죠?"
또 오래전에 알았던 지인처럼 친근하게 "호호호" 하고 한 번 더 웃으면서
"그런 건 없어요. 무자본, 무점포로 막 바로 시작하는 거예요."
그녀는 아침이슬이 풀잎에 맺혀 햇살에 반사된 듯 싱그러운 느낌이었다.
"그러면 만나 뵙고 말씀드리지요."
"시간과 약속 장소를 문자로 남겨 놓으세요. 내일 찾아 뵐게요. 좋은 하루 되세요." 하며 끊었다.
마지막 인사는 명랑하고 싹싹한 성격이 느껴져 개운함을 느꼈다.

다음 날이 왔다. 약속 장소에 세 사람이나 나와 어리둥절하여 부담감도 느껴졌다.
"더우신데 오시느라 수고가 많으셨어요. 아이스 커피부터 하시지요."
차를 마시면서 가입 절차에 대해 상세히 설명 들었고, 그래도 가입을 미루니 그녀는 실망한 듯 섭섭해하는 눈치였다.
"내일 연락할게요." 하며 작별하였다.

애터미 사업을 처음에는 죽기 살기로 열정적으로 시작

하였던 10명을 보았다. 그런데 2~3년 후에 보면 슬그머니 사라지고 없다. 그래서 그 후 우연히 만나서 물어보면 힘들어서 접었어요.라고 말한다.

 사업은 아무나 성공하는 게 아니고 이 세상에 저절로 되는 것도 없고 공짜도 없다.
인재냐 둔재냐에 따라서 성패에 갈리므로 건강은 빌릴 수 없지만, 머리는 빌릴 수 있어 자기 머리로 안 되면 다른 사람의 머리라도 빌려야 한다.

 기업은 사람이다.
사업에 맞지 않고 거슬리는 사람과 어물쩍 넘어가면 더는 성장 할 수가 없는 게 기업이다.
애터미 일곱 가지 직급을 승진하기 위해서는 인재 급 리더를 만나야 제대로 된 어드바이스를 받을 수 있다.

마스터 직급 월 수당은
①세일즈 200만 원 ~ 400만 원
②다이아몬드 400만 원 ~ 1천만 원
③샤론로즈 1천만 원 ~2천만 원
④스타 3천만 원
⑤로얄 5천만 원
⑥크라운 7천만 원

⑦임페리얼 1억 원
참고로 알아두면 분발하는데 촉진제가 되어 더욱 의욕이 생길 것이다.

 처음에는 애터미 생활용품을 본인만 쓰다가 가족, 친구, 지인 등 인맥을 넓혀나가면 3번째 샤론로즈 직급까지 도달하여 월 1천만 원의 수익이 생긴다.
일을 하니 많이 움직이게 되어 건강까지 얻는다.
처음에는 그물을 강가에만 쳤기 때문이지만 그물을 더 넓게 바다에 치면 더 많은 물고기를 잡을 수가 있다.
애터미 사업도 전 국민을 상대로 해야 최고직급인 임페리얼이 되어 매월 고액의 수당을 받는다.

 부지런한 사람이 성인병도 없이 건강하고 사업도 잘 되니 모든 게 자기 하기에 달려있다.
최고가 되려면 남과 같아서는 안 되고 자기만의 노하우와 성실함이 있어야 한다. 쇠는 불에 달구어 두드려 패야 강해지고 사람은 시련을 겪으면 겪을수록 성장한다.
애터미 사업도 저절로 되는 게 아니다. 각별한 각오가 있어야 한다.

 하늘은 스스로 돕는 자를 도우므로 내가 마음먹기에 달려있고 내가 하기에 달려있다.

필자는 인생 철학에 대하여 여러 권을 집필하였다. 거기에 빠지지 않는 단어가 늘 따라 다니는데 '건강과 독서'이다. 늘 좌우명을 염두에 두고 살며 그 말을 실천하였더니 먹는 약도 없고, 사람 보는 눈이 정확하게 되었다.

애터미 회원여러분도 늘 독서를 생활화하시길 바란다. 책을 멀리하는 사람은 경계 대상이며 독서를 하지 않는 사람이 성공하는 예를 본 적이 없다. 어쩌다 성공했다 하더라도 성공 수명은 오래 갈 수가 없다. 작은 성공은 누구나 할 수 있지만, 남들이 부러워할 만한 성공은 책을 통해 지식을 쌓아 지혜롭기 때문이다. 그래서 애터미는 지속적인 교육을 통해 세계적인 기업으로 우뚝 설 수 있었다.

애터미는 곧 교육이라고 해도 과언이 아니다.
인생을 사는데 눈 뜨고 잠자기 전까지 보고 듣고 하여도 한도 끝도 없다.
사람은 말을 할 줄 알고 교육을 받기 때문에 만물의 영장으로 불리지만 동물은 말을 하지 못해 교육을 받을 수가 없다.
그러므로 애터미 교육을 받고 세미나에 참석률이 높을수록 최고직급에 등극할 확률이 높아진다.

다시 한번 강조하자면
천연 한방 원료로 만든 "헤모힘(Hemohim)"은 한국 원자력연구원에서 개발한 면역력 강화 건강기능식품으로 이름의 의미는
Hemo: 혈액(Hemoglobin)
HIM:면역(Immune), 항산화(Antioxidant),
조혈(Hematopoiesis)의 약자로 그만큼 면역력에 중점을 둔 최고의 제품이다.

📱 회원가입시

성명→본인 명의 핸드폰 번호→ 통신사→
주민등록번호 앞자리 6자리만 있으면 신용 불량자도 가입 가능하다.

108번째 글은 새봄이 오듯 젊어지는 <회춘 비결>이 되겠습니다.

<필자가 애터미에 관해 쓰는 내용은 사실 그대로 실화를 바탕으로 쓴 글이므로 논픽션이다.>

코로나가 또 다시 확산되고 있습니다.
면역력을 높여야 합니다.

애터미 헤모힘 (60포, 1개월분)
88,000원 44,000 PV

애터미 헤모힘4Set (60포4set, 4개월분)
328,000원
164,000 PV

문의 010-3895-4114